38 RICETTE PER PREVENIRE LA CALVIZIE:

INIZIARE A MANGIARE ALIMENTI RICCHI DI VITAMINE E MINERALI PER EVITARE DI PERDERE I CAPELLI

Di

Joe Correa CSN

DIRITTO D'AUTORE

© 2016 Stronger Faster Inc.

Tutti i diritti riservati

La riproduzione o la traduzione di qualsiasi parte di questo lavoro al di là di quanto consentito dalla sezione 107 o 108 degli Stati Uniti Copyright 1976 senza il permesso del proprietario del copyright è illegale.

Questa pubblicazione è stata progettata per fornire informazioni accurate e autorevoli per quanto riguarda la materia disciplinata. Viene venduto con la consapevolezza che né l'autore né l'editore si impegnano a fornire consulenza medica. Se è necessario, consultare uno specialista. Questo libro è considerato una guida e non deve essere usato in alcun modo potenzialmente dannoso per la salute. Consultare un medico prima di iniziare questo piano nutrizionale per assicurarsi che sia adatto al caso.

RINGRAZIAMENTI

Questo libro è dedicato ai miei amici e parenti che hanno avuto malattie lievi o gravi e che mi hanno permesso di trovare una soluzione e apportare le modifiche necessarie alle loro vite.

38 RICETTE PER PREVENIRE LA CALVIZIE:

INIZIARE A MANGIARE ALIMENTI RICCHI DI VITAMINE E MINERALI PER EVITARE DI PERDERE I CAPELLI

Di

Joe Correa CSN

CONTENUTO

Diritto d'autore

Ringraziamenti

Cenni sull'autore

Introduzione

38 Ricette per prevenire la calvizie: iniziare a mangiare alimenti ricchi di vitamine e minerali per evitare di perdere i capelli

Altri titoli di questo autore

CENNI SULL'AUTORE

Dopo anni di ricerca, credo onestamente negli effetti positivi che una corretta alimentazione può avere su tutto il corpo e sulla mente. La mia conoscenza ed esperienza mi hanno aiutato a vivere in modo più sano nel corso degli anni e ho condiviso questo metodo con la famiglia e gli amici. Quanto più si sa di mangiare e bere sano, tanto prima si vorranno cambiare gli stili di vita e le abitudini alimentari.

La nutrizione è una parte fondamentale nel processo di mantenersi in buona salute e vivere più a lungo, quindi meglio iniziare da subito. Il primo passo è il più importante e il più significativo.

INTRODUZIONE

38 Ricette per prevenire la calvizie: iniziare a mangiare alimenti ricchi di vitamine e minerali per evitare di perdere i capelli

di Joe Correa CSN

La perdita dei capelli e la calvizie colpiscono milioni di uomini e donne ogni anno. Una delle cause più comuni della perdita dei capelli, sia per uomini che per donne, è la malnutrizione. I sintomi fisici della calvizie possono essere traumatici, ma l'impatto psicologico è ancora più grave. Aumentando l'assunzione di proteine e ferro, due dei nutrienti essenziali dei capelli, e la loro combinazione con altre sostanze, la caduta eccessiva dei capelli si può arrestare.

Modificando semplicemente la dieta e aumentando l'assunzione di vitamine A, B, E e K, oltre ai minerali quali Selenio, Fosforo, Magnesio, Zinco e Niacina, i capelli diverranno più sani e forti. Dalla stimolazione dei follicoli per una nuova ricrescita, alla lucentezza e resistenza del fusto, queste ricette sono una guida per un nuovo stile di vita sano.

38 RICETTE PER PREVENIRE LA CALVIZIE: INIZIARE A MANGIARE ALIMENTI RICCHI DI VITAMINE E MINERALI PER EVITARE DI PERDERE I CAPELLI

1. Fajita di Pollo con Kiwi fresco

Un grande classico amato da tutti. L'aggiunta di kiwi ai tradizionali petti di pollo regala un pizzico di Vitamina C, è essenziale per la crescita dei capelli. Non solo la Vitamina C promuove la rigenerazione, ma assicura che i capelli siano forti e sani

Ingredienti:

- 1 cucchiaio di olio d'oliva
- 2 petti di polli senza pelle e disossati, affettati
- 1 piccolo peperone giallo, affettato
- 1 piccolo peperone rosso, affettato
- 1 cipolla rossa media, divisa - metà affettata e metà a dadini
- 2 cucchiaini di succo di lime, separati
- 2 cucchiaini di cumino macinato
- 1 cucchiaio di peperoncino in polvere
- 1 cucchiaio di paprika
- 1 spicchio d'aglio, tritato
- 2 pomodori tagliati a cubetti
- 1 kiwi medio, a dadini

- 1 piccolo jalapeno, tritato
- 1 cucchiaino di scorza di lime
- 1 cucchiaio di coriandolo fresco, tritato
- 1/4 cucchiaino di sale kosher
- 4 piccole tortillas di grano integrale
- 4 cucchiai di yogurt greco

Preparazione:

In una padella media, scaldare l'olio d'oliva. Aggiungere il pollo e cuocere fino a quando non diventa rosolato. Aggiungere i peperoni, la cipolla affettata, la metà del succo di lime, il cumino, il peperoncino in polvere, peperoni e aglio. Cuocere fino a quando i peperoni iniziano ad ammorbidirsi.

In una piccola ciotola, unire gli ingredienti tranne le tortillas e lo yogurt greco rimanente. Far riposare per 5 minuti. Mettere a cucchiaiate il pollo e la miscela di pepe nelle tortillas, cospargere con kiwi e miscela di pomodoro e finire con un cucchiaio di yogurt greco. Servire.

Calorie totali: 729

Vitamine: Vitamina A 226µg, Vitamina B6 1.9mg, Vitamina B12 0.8µg, Vitamina C 216mg, Vitamina K 42mcg

Minerali: 302mg Calcio, Magnesio 169mg, 8224mg di Fosforo, Selenio 82µg, Zinco 4mg, Tiamina 0,8 mg, Niacina 33mg

Zuccheri: 14g

2. Riso con pollo fritto

Invece di uscire a cena, prova a fare questo facile pollo fritto con riso nella comodità della tua cucina! Con l'aggiunta di più verdure al piatto, si ottengono anche sostanze nutrienti supplementari. Questo piatto è inoltre ricco di proteine, ogni ciocca di capelli è fatta di un complesso proteico. Le proteine stanno alla base di tutte le esigenze dei capelli.

Ingredienti:

- 2 uova
- 2 cucchiai di olio di sesamo
- 1 cucchiaino di zenzero fresco, tritato
- 2 spicchi d'aglio, tritati
- 1/4 cucchiaino di pepe rosso
- 1 piccola cipolla gialla, tagliata a dadini
- 4 petto di pollo a dadini disossato e senza pelle
- 1/4 tazza di carota grattugiata
- 1/4 tazza di piselli dolci
- 2 cucchiai di salsa di Hoisin
- 4 tazze di riso, cotto
- 2 cipolle verdi, tritate
- 2 cucchiai di coriandolo fresco, tritato

Preparazione:

Strapazzare leggermente le uova e metterle da parte.

In una padella grande, scaldare l'olio di sesamo su fuoco medio-alto. Aggiungere lo zenzero, l'aglio, il peperoncino e la cipolla. Cuocere fino a quando la cipolla comincia ad ammorbidirsi. Aggiungere il pollo, le carote e i piselli. Cuocere fino a quando il pollo non si rosola per bene. Aggiungere la salsa Hoisin e il riso integrale, cuocere ancora un po'.

Una volta scaldato, aggiungere le uova strapazzate. Separare in alcune ciotole e cospargere cipolla verde e coriandolo.

Calorie totali: 681

Vitamine: Vitamina B6 0.6mg

Minerali: Fosforo 305mg, Selenio 47µg, Zinco 3mg, Niacina 8mg

Zuccheri: 2g

3. Pasta con parmigiano e broccoli

Se ti piacciono i broccoli, ti innamorerai dei broccolini! Un ibrido di broccoli e cavoli, i broccolini contengono i nutrienti di ogni verdura. Donati una buona dose di vitamine C e K - essenziali per la corretta crescita dei capelli.

Ingredienti:

- 1 cucchiaio di olio d'oliva
- 2 tazze di broccolini, tritati
- 2 spicchio di aglio, tritati
- 1/2 chilo di linguine di grano integrale, cotte
- 2 cucchiai di pesto di basilico
- 1/2 tazza di parmigiano grattugiato

Preparazione:

In padella, scaldare l'olio d'oliva a fuoco medio. Aggiungere broccolini e aglio. Cuocere fino a quando i broccolini verdi diventano brillanti e morbidi. Aggiungere le linguine e cuocere per riscaldarle e amalgamare il tutto. Mescolare con pesto e 3/4 del parmigiano. Suddividere in ciotole e spolverare con il parmigiano rimanente. Servire.

Calorie totali: 332

Vitamine: Vitamina C 40mg, Vitamina K 56mcg

Minerali: Fosforo 266mg, Selenio 45µg

Zuccheri: 2g

4. Polpette arancioni

Invece di comprare ogni giorno polpette – prova a farle da te in modo semplice! Il colore arancione dà a questa ricetta una sana dose di Vitamina C. Non solo promuove la salute dei capelli e della pelle, ma riesce a donare a queste polpette un sottile finale dolce e piccante.

Ingredienti:

- 1 cucchiaio di olio d'oliva
- 2 tazze di cimette di broccoli
- 1 chilo di manzo magro
- 2 chiodi di garofano
- 2 cucchiai di salsa Hoisin, divisi
- 2 cucchiai di succo d'arancia
- 2 cucchiaini di scorza d'arancia
- 1 cucchiaio di aceto di sidro di mele

Preparazione:

Preriscaldare il forno a 400 gradi F.

Mettere nella teglia da forno i broccoli, condire con olio d'oliva. Mettere in forno e cuocere per circa 15 minuti, fino a quando le parti superiori iniziano ad imbrunire.

Unire la carne macinata, aglio, e metà della salsa hoisin. Formare le polpette delle dimensioni di una pallina da golf. In una grande padella a fuoco medio-alto, aggiungere le polpette, facendole imbrunire da tutti i lati, per 5-7 minuti, o fino a cottura desiderata. Togliere dalla padella e mettere da parte.

Spazzare via qualsiasi pezzo bruciato dalla padella. Tornando a fuoco medio-alto, aggiungere aceto, succo d'arancia, scorza d'arancia e miele. Portare a ebollizione, poi ridurre lentamente a fuoco basso. Aggiungere i broccoli e le polpette nella padella. Ridurre fino a quando la salsa è densa e sciropposa. Posare delicatamente il tutto in un piatto o sopra un po' di riso, a piacere.

Calorie totali: 477

Vitamine: Vitamina B6, 0,8mg, Vitamina B12 4,5mg, Vitamina C 114mg, Vitamina K 95mcg

Minerali: Fosforo 409mg, Selenio 35 mg, 10 mg di Zinco, Riboflavina 0,4 mg, 10 mg Niacina

Zuccheri: 13g

5. Tacos di pesce con mango e avocado

Un assaggio di estate con il mare in ogni boccone! Leggeri e rinfrescanti, questi tacos sono farciti con Vitamina B e C. Per dare energia e salute ai capelli.

Ingredienti:

- 1 cucchiaio di peperoncino in polvere
- 2 cucchiaini di cumino macinato
- 1 cucchiaio di paprika
- 1 cucchiaino di aglio in polvere
- 8 once di Halibut
- 1 cucchiaio di olio d'oliva
- 1/4 tazza di cavolo rosso, tagliuzzato
- 1 piccola cipolla, affettata
- 1 avocado, affettato
- 1/4 tazza di mango, dadini
- 2 cucchiai di coriandolo fresco, tritato
- 1 cucchiaio di succo di lime
- 4 piccole tortillas di grano integrale

Preparazione:

In una piccola ciotola unire peperoncino in polvere, cumino, paprika e aglio in polvere. Spennellare l'halibut con olio d'oliva e cospargerlo bene della miscela di spezie. In una padella a fuoco alto, rosolare e cuocere l'halibut. Togliere dal tegame e romperlo delicatamente in piccoli pezzi.

Dividere il pesce tra le tortillas. Cospargere con altri ingredienti e un filo di succo di lime. Servire.

Calorie totali: 576

Vitamine: Vitamina B6 0,9 mg, Vitamina B12 1,9 mg, Vitamina C 30mg, Vitamina E 7 mg, Vitamina K 37mcg

Minerali: Magnesio 151mg, 586mg Fosforo, Selenio 73 mcg Tiamina 0,7 mg, Niacina 9mg

Zuccheri: 8g

6. Pasta con aglio, gamberetti e verdure

E' sorprendente come molti nutrienti sono contenuti in un piccolo gamberetto. Accoppiato con verdure e pasta di grano intero, questo piatto semplice sazia parecchio e nutre a sufficienza.

Ingredienti:

- 1 cucchiaio di olio d'oliva
- 12 gamberi crudi
- 3 spicchi d'aglio, tritati
- 1/4 tazza di cipolla, affettata
- 1/2 tazza di peperone rosso, affettato
- 1/2 tazza di zucchine, a fette
- 1/2 tazza di cavolo, tritato
- 1/4 tazza di latte scremato
- 1/2 chilo di penne di grano intero, cotte
- 1/2 tazza di parmigiano grattugiato

Preparazione:

In padella grande, scaldare l'olio a fuoco medio. Aggiungere i gamberetti, aglio, cipolla, peperone e zucchine. Cuocere fino a quando i gamberi sono sodi e rosa. Aggiungere il cavolo e cuocere fino a farlo appassire.

Aggiungere il latte e la pasta di mix di gamberetti. Portare ad ebollizione. Cuocere a fuoco lento e aggiungere il parmigiano, mescolare fino a far addensare. Dividere a cucchiaiate in più ciotole e servire.

Calorie totali: 697

Vitamine: Vitamina B6 0,7 mg, Vitamina B12 2,3 mg, Vitamina C 49mg, Vitamina K 128mcg

Minerali: 165 mg di Magnesio, Fosforo 808mg, Selenio 135mcg, Zinco 5mg

Zuccheri: 5

7. Pollo Mediterraneo

Un grande piatto per il pranzo o la cena, questa opzione sana e leggera è farcita con sapore e sostanze nutritive. In questo pasto, il couscous rende il ripieno avvolgente mentre fornisce proteine essenziali senza carboidrati extra.

Ingredienti:

- 1/3 di tazza couscous, cucinato
- 1 tazza di prezzemolo fresco tritato
- 2 cucchiai di origano fresco, tritato
- 1 cucchiaio di menta fresca, tritata
- 1/4 tazza di succo di limone
- 1 cucchiaio di olio d'oliva
- 2 spicchi di aglio, tritati
- 3 petto di pollo disossato e senza pelle, affettato
- 1 pomodoro medio tritato
- 1 piccola cipolla rossa tritata
- 1 tazza di cetriolo tritato
- 4 cucchiai di yogurt greco
- 4 grandi tortillas di grano integrale

Preparazione:

Unire il prezzemolo, l'origano, la menta, il succo di limone, olio e aglio, in una piccola ciotola. Versare 1/4 della miscela sopra il pollo. Rivestire per bene il pollo e cuocere in una padella media fino a quando inizia a rosolare.

Unire la miscela prezzemolo rimanente con il couscous. Aggiungere il pomodoro, la cipolla, il cetriolo e lo yogurt. Spalmare il composto sulle tortillas e cospargere con il pollo cotto. Piegare i lati e rotolare per formare un burrito. Tagliare a metà e servire.

Calorie totali: 349

Vitamine: Vitamina B6 0,8 mg, Vitamina K 81mcg

Minerali: Fosforo 391 mg, Selenio 44mcg, Zinco 2mg, Niacina 16 mg

Zuccheri: 4g

8. Pollo, broccoli, e mango

Ravviva il pollo e i broccoli con il sapore dolce del mango. Il mango dà la profondità giusta al classico sapore del piatto. Il mango è ricco di antiossidanti, che aiutano a mantenere il collagene nei capelli.

Ingredienti:

- 2 cucchiai di olio di cocco
- 2 petti di pollo disossato e senza pelle, affettati
- 2 spicchio di aglio, tritati
- 1 cucchiaio di radice di zenzero fresco, tritato
- 1 piccola cipolla rossa, affettata
- 1 tazza di mango, a fette
- 2 tazze di broccoli, tagliati in piccoli ciuffetti;
- 1/2 tazza di peperone rosso, tritato
- 3 cucchiai di salsa di Hoisin
- 1/4 cucchiaino di pepe rosso
- 1/4 tazza di anacardi, tritati
- 3 cipolle verdi, tritate
- 1 cucchiaio di coriandolo fresco tritato

Preparazione:
Scaldare l'olio di cocco in un wok o padella a fuoco medio-alto.

Cuocere il pollo fino a quando non è più rosa, e togliere dalla padella.

Aggiungere aglio, zenzero, cipolla nella stessa padella. Cuocere fino a quando diventano fragranti, circa 1 a 2 minuti. Aggiungere broccoli, peperone, e mango. Cuocere fino a quando le verdure sono morbide ma ancora croccanti.

Rimettere il pollo nella padella. Aggiungere Hoisin e peperoncino. Mescolare bene per unire. Suddividere nelle ciotole. Cospargere con anacardi tritati, cipolla verde, e coriandolo. Servire.

Calorie totali: 357

Vitamine: Vitamina B6 0,8 mg, Vitamina C 56 mg, Vitamina K 181mcg

Minerali: Fosforo 248mg, Selenio 27 mg, acido folico 165mcg, 0,4 mg Riboflavina

Zuccheri: 21g

9. Manzo e cavolo cinese

Il poco conosciuto cavolo cinese o asiatico è una grande aggiunta a qualsiasi piatto orientale! Le sostanze nutrienti del cavolo cinese sono simili al Kale o ad altri cavoli – una ricetta nutriente e croccante!

Ingredienti:

- 1 cucchiaio di olio di cocco
- 12 bistecche di manzo a cubetti
- 1 tazza di cipolla rossa, affettata
- 2 spicchi di aglio, tritati
- 1/2 tazza di peperone rosso, affettato
- 2 tazze di cavolo cinese, tritato
- 1 tazza di germogli di soia
- 1/4 tazza di aceto di vino di riso
- 2 cucchiai di salsa di Hoisin
- ½ chilo di tagliatelle soba, cotte

Preparazione:

In padella grande o nel wok, scaldare l'olio a fuoco medio alto. Aggiungere la carne di manzo e cuocere fino a cottura ultimata. Aggiungere la cipolla, aglio e peperoncino finché le verdure cominciano ad ammorbidirsi. Aggiungere il cavolo cinese e cuocere finché non sarà appassito. Aggiungere germogli di soia, aceto e Hoisin, aggiungere le tagliatelle e mescolare bene con la salsa. Servire.

Calorie totali: 341

Vitamine: Vitamina B6 0,9 mg, Vitamina C 70mg, Vitamina K 42 cg

Minerali: Fosforo 348mg, Selenio 60 mg, 3 mg di Zinco, Tiamina 0,7 mg, 0,5 mg Riboflavina, Niacina 13mg

Zuccheri: 6g

10. Salmone scottato con pepe nero e cetrioli

L'accoppiamento del salmone con il cetriolo croccante regala una combinazione tra cremoso e fresco. Il salmone fornisce grassi sani e Vitamina B, e mantiene i capelli sani e lucenti.

Ingredienti:

- 1 cucchiaio di olio d'oliva
- 2 (6 once) filetti di salmone
- 1/2 cucchiaino di sale
- 1/2 cucchiaino di pepe nero in grani, schiacciato
- 1/4 cucchiaino di peperoncino tritato
- 1 cetriolo, fette sottili
- 1/2 tazza di cavolo rosso, tagliuzzato
- 1/4 tazza di cipolla gialla, fette sottili
- 2/3 tazza di yogurt greco
- 1 cucchiaino di aneto secco
- 1 spicchio d'aglio, tritato
- 1 cucchiaio di aceto di sidro di mele

Preparazione:

In una padella, scaldare l'olio d'oliva. Aggiungere il salmone con sale, pepe e peperoncino. Saltare in padella a fuoco medio-alto fino a cottura ultimata.

In una ciotola media, unire gli altri ingredienti. Mescolare bene. Far riposare per 5 minuti. Servire sul piatto di portata con il salmone.

Calorie totali: 313

Vitamine: Vitamina B6 1.1mg, Vitamina B12 8,5 mg, Vitamina D 19mcg

Minerali: Fosforo 566mg, Selenio 55 mg, 14 mg Niacina

Zuccheri: 6g

12. Insalata di arance e spinaci

La combinazione di agrumi e spinaci è un classico. Accoppia il gusto aspro delle arance con quello più basico degli spinaci; non solo si crea un equilibrio di sapori, ma anche un piatto a tutto tondo ricco di vitamine e sali minerali.

Ingredienti:

- 1 cucchiaio di olio d'oliva
- 2 spicchi di aglio, tritati
- 2 cucchiai di succo d'arancia
- 2 petti di pollo disossato senza pelle
- 1/4 di tazza di aceto balsamico
- 1 cucchiaio di miele
- 4 tazze di spinaci
- 2 arance medie, sbucciate e segmentate
- 1/4 tazza di mandorle tostate

Preparazione:

In una piccola ciotola, sbattere insieme olio d'oliva, aglio e succo d'arancia. Versare sopra il pollo e far marinare per 20 minuti.

Scaldare una padella a fuoco medio. Aggiungere il pollo e cuocere fino a quando perde il colore rosa ai lati ma rimane solo al centro. Mettere da parte a riposare.

In un pentolino, portare l'aceto e il miele ad ebollizione. Ridurre a fuoco lento. Continuare a cuocere a fuoco lento, mescolando di tanto in tanto, fino a quando la salsa si sarà addensata. Togliere dal fuoco e lasciar raffreddare.

Dividere gli spinaci e le arance tra varie ciotole. Mescolare con il pollo. Cospargere con mandorle e irrorare con la salsa al miele balsamico. Servire.

Calorie totali: 399

Vitamine: Vitamina A 303 mg, Vitamina B6 1,0 mg, Vitamina B12 0,4 mg, Vitamina C 87mg, Vitamina E 7 mg, Vitamina K 290mcg

Minerali: Magnesio 150mg, Fosforo 422mg, Selenio 36 mg, Niacina 19mg

Zuccheri: 13g

13. Arrosto di pollo con albicocche senape e bietola

Il pollo va con tutto, e con albicocca senape e bietole diventa una combinazione incredibile! L'amaro della senape, la dolcezza dell'albicocca, e il gusto delle bietole forniscono un'esperienza sensoriale fantastica soddisfando ogni esigenza di vitamine e minerali.

Ingredienti:

- 1/4 tazza di rosmarino fresco tritato
- 3 spicchi d'aglio, tritati e divisi
- 2 cucchiai di olio di oliva, divisi
- 2 petti di pollo disossati senza pelle
- 1/4 tazza senape in grani
- 1/3 tazza di marmellata di albicocche
- 2 tazze di bietole, tritate
- 1/2 tazza di cipolla, affettata

Preparazione:

Preriscaldare il forno a 350 gradi F.

In una piccola ciotola, unire il rosmarino, 2/3 dell'aglio, sale, e la metà dell'olio di oliva. Mescolare bene. Unire il petto di pollo alla miscela.

Mettere il pollo su carta da forno. Cuocere 30-35 minuti, fino a quando non perde tutto il rosa.

In una piccola casseruola, unire la marmellata e la senape a fuoco medio, mescolando spesso, fino a quando la marmellata sarà sciolta e gli ingredienti ben amalgamati.

Nel frattempo, scaldare l'olio residuo in una padella a fuoco medio. Aggiungere l'aglio rimanente, la cipolla, e le bietole. Cuocere fino a quando la bietola è appassita e le cipolle morbide. Riempire il piatto di portata. Terminare il piatto con il pollo e la salsa di albicocca.

Calorie totali: 409

Vitamine: Vitamina A 611 mg, Vitamina B6 1.2mg, Vitamina C 32mg, Vitamina K 476mcg

Minerali: Magnesio 184mg, Fosforo 451mg, Selenio 47 mg, Niacina 24mg

Zuccheri: 24g

14. Salmone grigliato con cavolo balsamico

Anche se il cavolo contiene qualsiasi tipo di vitamina, a volte può diventare noioso. L'aggiunta di aceto balsamico ridona vigore al vegetale! In coppia con il salmone, questa ricetta è piena di Niacina, che aiuta a convertire il cibo in vitamine sane.

Ingredienti:

- 2 cucchiai di paprica
- 1 cucchiaio di pepe di Caienna
- 1 cucchiaio di cipolla in polvere
- 1/2 cucchiaino di pepe nero
- 1/4 cucchiaino di timo secco
- 1/4 cucchiaino di origano secco
- 1/4 cucchiaino di basilico essiccato
- 2 cucchiai di olio di oliva, divisi
- 2 (6 once) filetti di salmone
- 3 tazze di cavolo, tritato
- 1 spicchio d'aglio, tritato
- 1 cucchiaio di acqua
- 1 cucchiaio di aceto balsamico

Preparazione:

Unire paprika, pepe di Caienna, cipolla in polvere, pepe, timo, origano, basilico in una piccola ciotola.

Spennellare i filetti di salmone con metà dell'olio d'oliva. Spolverizzarlo con il mix di spezie. Rosolare in una padella a fuoco medio, o alla griglia a fuoco basso, fino a quando il pesce è ben cotto.

Scaldare l'olio rimanente in una padella. Aggiungere il cavolo, l'aglio, e l'acqua. Cuocere fino a quando il cavolo inizia ad appassire e mescolare con aceto. Continuare fino a quando il liquido è evaporato. Mettere sul piatto da portata e guarnire con il salmone. Servire.

Calorie totali: 414

Vitamine: Vitamina A 1.3mg, Vitamina B6 602 mg, Vitamina B12 8,2 mg, Vitamina C 121mg, Vitamina D 19 mg, Vitamina K 729mg

Minerali: Fosforo 552mg, Selenio 54 mg, Niacina 15 mg

Zuccheri: 2g

15. Lenticchie & Patate dolci

Le lenticchie sono ricche di molte vitamine e minerali, troppi da elencare! Questo ingrediente chiave svolge un ruolo importante in ogni aspetto della crescita dei capelli - dal follicolo al fusto forte e lucente.

Ingredienti:

- Pasta per 1 pizza, cruda (preferibilmente fatta in casa)
- 3 piccole patate dolci,
- 2 cucchiai di olio di oliva, divisi
- 1 cipolla gialla media, affettata
- 2 spicchi d'aglio, tritati
- 1 cucchiaino di cumino macinato
- 1/2 cucchiaino di cannella in polvere
- 1/2 cucchiaino pimento in polvere
- 1/2 tazza di lenticchie verdi francesi, risciacquate
- 1 tazza di acqua
- 1 tazza di cavolo tritato

Preparazione:

Preriscaldare il forno a 400°F.

Pungere le patate dolci in più punti con una forchetta e metterle su una teglia da forno. Cuocere 45 minuti o un'ora, o fino a quando saranno morbide al tatto. Lasciar raffreddare - una volta fredde al tatto preparare una purea e mettere da parte. Buttare le bucce.

Scaldare 1 cucchiaio di olio in una padella a fuoco medio aggiungere la cipolla e l'aglio. Cuocere fino a quando la cipolla è trasparente. Aggiungere il cumino, la cannella e il pimento e far cuocere, mescolando, fino a rendere la cipolla fragrante. Aggiungere le lenticchie e l'acqua. Portare ad ebollizione e fate sobbollire a pentola scoperta per 10 minuti. Aggiungere il cavolo al mix di lenticchie e continuare a cuocere fino a quando le lenticchie sono morbide, ma non molli. Se necessario, aggiungere altra acqua.

Aumentare il calore del forno a 450°F.

Su un tagliere ben infarinato, stendere un pezzo di pasta in una forma ovale di circa 8 o 9 pollici. Distribuire circa 1/4 tazza di purè di patata dolce oltre la metà inferiore della pasta, lasciando spazio ai bordi per sigillare la tasca. Coprire con circa 1/3 tazza di lenticchie e cavoli. Piegare la metà superiore della pasta, e sigillare bene i bordi.

Mettere su carta da forno spruzzata con spray antiaderente. Spennellare con olio d'oliva e tagliare 2 o 3 piccole fessure per far uscire il vapore mentre cuoce. Ripetere con il restante impasto e ripieno.

Cuocere in forno per 25-30 minuti, o fino a doratura. Lasciar riposare per almeno 5 minuti. Servire.

Calorie totali: 686

Vitamine: Vitamina A 1158mcg, Vitamina B6 0,7 mg, Vitamina C 51mg, la Vitamina K 256mcg

Minerali: Fosforo 584mg, Selenio 24 mg, Acido folico 396mcg, Tiamina 0,8 mg

Zuccheri: 12g

16. Insalata al curry e uova

Stanco della solita insalata di uova di tutti i giorni? L'aggiunta del curry dà all'insalata noiosa un sapore di spezie! L'aggiunta di rucola, non regala solo la parte più croccante, ma anche tanta Vitamina K! Questo panino va consumato a pranzo o per una cena veloce!

Ingredienti:

- 4 uova sode, tritate
- 2 cucchiai di sedano, tritato
- 2 cucchiai di cipolla rossa, tritata
- 1/2 cucchiaino di curry in polvere
- 3 cucchiai di maionese
- 2 cucchiai di yogurt greco
- 1/4 cucchiaino di salsa Tabasco
- 1 cucchiaino di senape di Digione
- 4 fette di pane di segale, tostato
- 1/2 tazza di rucola

Preparazione:

Unire tutti gli ingredienti con l'eccezione del pane di segale e della rucola.

Dividere il composto di uova tra due fette di pane di segale. Cospargere il mix di uova con rucola e terminare con il secondo pezzo di pane di segale. Tagliare a metà e servire.

Calorie totali: 371

Vitamine: Vitamina A 184µgm Vitamina B12 1,2 mg, Vitamina K 54mcg

Minerali: Fosforo 292mg, Selenio 48 mg, Riboflavina 0,8 mg

Zuccheri: 6g

17. Zuppa di uova e cavolo cinese

L'aggiunta del cavolo cinese alla tradizionale zuppa di uova permette di avere vitamine supplementari a quelle che la zuppa già contiene! L'uovo fornisce la quantità sufficiente di proteine giornaliere, essenziali per la crescita dei capelli.

Ingredienti:

- 3 carote sbucciate e affettate
- 1 gambo di sedano, tagliato a dadini
- 1 piccola cipolla gialla, tagliata a dadini
- 1 spicchio d'aglio, tritato
- 1 cucchiaio di zenzero fresco, tritato
- Un pizzico di sale kosher o di mare, più o meno a piacere
- 1/2 cucchiaino di pepe nero
- 1 cucchiaio di peperoncino in polvere
- 1/4 cucchiaino di pepe di Caienna
- 1/4 cucchiaino di peperoncino rosso (di più se lo si desidera)
- 1 cucchiaino di paprika
- 4 tazze di brodo di pollo osso
- 2 cucchiai di salsa di hoisin
- 4 tazze di cavolo cinese, tritato, poco compresso

- 4 albumi
- 2 cipolle verdi, tritate
- 2 cucchiai di coriandolo fresco, tritato

Preparazione:

Aggiungere tutti gli ingredienti, ad eccezione del cavolo cinese, albume d'uovo, cipolla verde, e coriandolo, su fuoco lento. Coprire e cuocere a bassa temperatura 6-8 ore, o fino a quando le verdure sono tenere. Aggiungere il cavolo cinese, mescolare e continuare la cottura fino a farlo appassire, circa 5 minuti.

In una piccola ciotola, sbattere i bianchi d'uovo fino a renderli schiumosi. Assicurarsi che la zuppa sia caldo e lentamente inserire gli albumi mescolando continuamente. Una volta che tutti i bianchi d'uovo sono incorporati, cuocere per altri due minuti. Versare nelle ciotole, spolverare con cipolla verde e coriandolo.

Calorie totali: 259

Vitamine: Vitamina A 837 mg, Vitamina B6 0,7 mg, Vitamina C 69mg, Vitamina K 88mcg

Minerali: Fosforo 225mg, Selenio 25 mg, Riboflavina 0,9 mg, Niacina 9mg

Zuccheri: 14g

18. Zuppa di lenticchie con uovo in camicia

Un grande zuppa di tuberi e legumi, perfetti per le lunghe giornate invernali. Le lenticchie rendono questo pasto un piatto a tutto tondo, mentre l'uovo regala una buona dose di proteine.

Ingredienti:

- 2 cucchiai di olio d'oliva
- 1 grossa cipolla tritata
- 5 spicchi d'aglio, tritati
- 1 cucchiaino di cumino macinato
- 1/2 cucchiaino di curcuma in polvere
- 6 fette di pancetta di tacchino
- 1 cucchiaio di zenzero fresco, tritato
- 1/2 cucchiaino di peperoncino tritato
- 2 foglie di alloro
- 2 tazze di lenticchie secche verdi, risciacquate
- 5 tazze di brodo di ossa di pollo (o brodo vegetale)
- 1 (28 once) di pomodori schiacciati
- 1 tazza di patata dolce, sbucciata e tagliata a dadini
- 1 tazza di barbabietole rosse, sbucciate e tagliate a cubetti

- 1 tazza di rape, sbucciate e tagliate a cubetti
- 1 tazza di carote, sbucciate e tagliate a cubetti
- 1 tazza di patate dell'Idaho, sbucciate e tagliate a cubetti
- 4 uova crude
- 3 tazze di acqua
- 2 cucchiai di aceto di sidro di mele

Preparazione:

In una pentola extra-large, scaldare l'olio d'oliva a fuoco medio e cuocere la cipolla fino a quando si è ammorbidita. Aggiungere aglio, cumino e curcuma, mescolare bene. Aggiungere la pancetta. E cuocere fino a farla dorare, ma senza renderla croccante. Aggiungere zenzero, fiocchi di pepe rosso, foglie di alloro, e lenticchie. Versare sopra brodo sufficiente per coprire tutti gli ingredienti. Portate ad ebollizione a pentola coperta e far sobbollire per 15 minuti. Aggiungere gli altri ingredienti ad eccezione delle uova, acqua e aceto. Aggiungere altro brodo di osso in caso di necessità, la zuppa dovrebbe essere densa, ma non troppo. Continuare a cuocere circa 20-30 minuti fino a quando le lenticchie e le verdure sono tenere ma non si sfaldano. Rimuovere le foglie di alloro con la cottura.

In un pentolino, riscaldare l'acqua e l'aceto. Portare ad ebollizione e ridurre lentamente. Agitare la miscela e spezzare le uova una alla volta. Togliere dal fuoco e lasciar riposare in un posto caldo per 5-8 minuti, a seconda delle preferenze per la cottura del tuorlo. Più a lungo rimane in acqua e più sarà compatto e cotto.

Dividere l'impasto in ciotole. Utilizzando un mestolo forato, rimuovere le uova - una alla volta - e servirle sopra la zuppa.

Calorie totali: 333

Vitamine: Vitamina A 433 mg, Vitamina B6 0.6mg, Vitamina C 38mg

Minerali: Fosforo 437mg, Selenio 20 mg, Zinco 3 mg, Acido folico 304mcg

Zuccheri: 8g

19. Polpette mediterranee con Tzatziki e Couscous

Un piccolo segreto del Mediterraneo, le polpette con salsa di yogurt piccante è un fine piatto delizioso per tutti i giorni! Un rapido e semplice pasto entrée, questa ricetta è piena di sapore.

Ingredienti:

- 8 once di agnello macinato
- 8 once di manzo magro
- 6 spicchi d'aglio, tritati e divisi
- 1 cucchiaio di origano secco
- 2 cucchiai di olio d'oliva, divisi
- 1/4 tazza di cetriolo, triturato e svuotato del liquido
- 1 tazza di yogurt greco
- 1 cucchiaino di aneto secco
- 2 tazze di couscous, cotto e riscaldato
- 1 limone, tagliato a spicchi

Preparazione:

Unire agnello, manzo, la metà l'aglio, e origano. Formare delle palline. Scaldare metà dell'olio d'oliva in una padella a fuoco medio. Cucinare le polpette su tutti i lati fino a quando non saranno rosa solo nel centro. Metterle da parte.

Unire i restanti aglio e olio con gli altri ingredienti, ad eccezione di cuscus e limone. Servire le polpette sopra il cuscus. Irrorare con la salsa di yogurt e servire con una fetta di limone.

Calorie totali: 349

Vitamine: Vitamina B12 3,2 mg

Minerali: Selenio 47mcg, Zinco 7 mg, Niacina 8 mg

Zuccheri: 3g

20. Torta irlandese di lenticchie & patata dolce

Un piatto tradizionale irlandese, questa versione del pasticcio di carne ti lascerà l'acquolina in bocca! Potrai anche congelare le varie porzioni per poterle consumare qualche giorno dopo.

Ingredienti:

- 3 patate medie dolci, lavate
- 8 once di manzo magro
- 1 tazza di lenticchie verdi o marroni, sciacquate
- 1 cucchiaio di olio d'oliva
- 1 libbra di funghi
- 1 cipolla media gialla, tritata
- 1 carota grande, tritata
- 1 gambo di sedano, tritato
- 1 spicchio d'aglio, tritato
- 3/4 tazza di brodo vegetale light
- 1 cucchiaio di concentrato di pomodoro
- 1 cucchiaio di salsa Hoisin
- 1 cucchiaino di paprika affumicata
- 1/4 tazza di prezzemolo fresco tritato

Preparazione:

Preriscaldare il forno a 400 gradi F. Punzecchiare ogni patata dolce più volte con una forchetta e porle su una teglia da forno. Arrostirle per 45 minuti-1 ora, o fino a renderle molto morbide al tatto. Mettere da parte a raffreddare. Una volta freddate al tatto schiacciare le patate. Mescolare e mettere da parte. Buttare via le bucce. Ridurre il forno a 350 gradi F.

In una pentola media, unire le lenticchie, l'alloro, il sale e 5 tazze di acqua. Portare ad ebollizione e abbassare il calore. Tenere scoperto per 15-20 minuti, o fino a quando le lenticchie sono morbide, ma non molli, mescolando ogni tanto. Eliminare l'alloro e filtrare l'acqua di cottura con un colino o setaccio.

Mentre le lenticchie si cucinano, cuocere la carne macinata in una padella a fuoco medio. Una volta cotta completamente e aggiungere i funghi e cuocere fino a doratura. Aggiungere la cipolla, la carota, il sedano e l'aglio e far cuocere, mescolando di tanto in tanto, fino a quando le cipolle sono morbide e traslucide. Abbassare il fuoco e aggiungere il brodo vegetale nel mix di lenticchie, pasta di pomodoro, salsa di hoisin, paprika e prezzemolo. Mescolare e cuocere a fuoco lento per 5 minuti.

Distribuire uniformemente il composto di lenticchie in una teglia media. Spruzzare con spray antiaderente. Inserire il composto di patate dolci sulla parte superiore e lisciare con una spatola. Cuocere in forno per 30 minuti, o fino a quando il ripieno è spumeggiante ai bordi. Lasciar riposare per 5 minuti, servire.

Calorie totali: 406

Vitamine: Vitamina A 819 mg, Vitamina B6 0,8 mg, Vitamina B12 2,3 mg

Minerali: Ferro 7 mg, Fosforo 474mg, Selenio 22mcg, Zinco 7 mg, Acido folico 267mcg, Niacina 7 mg

Zuccheri: 8g

21. Arrosto di pollo con verdure e radici

Un tuffo nel passato, questo pollo ricorderà a molti il pranzo della domenica di tanti anni fa. La preparazione di questo pasto è ottimo per uno stile di vita sano e per garantire la giusta quantità di vitamine e minerali.

Ingredienti:

- 1 pollo intero
- 1 cucchiaio di olio d'oliva
- 1 cucchiaio di salvia fresca, tritata
- 1 cucchiaio di rosmarino fresco tritato
- 2 spicchio di aglio, tritati
- 1 cucchiaio di timo fresco, tritato
- 1 patata dolce, sbucciata e tagliata a dadini
- 1 carota, sbucciate e tagliate a cubetti
- 1 rapa, sbucciata e tagliata a dadini
- 4 patate rosse, tagliate
- 1 piccola cipolla rossa, sbucciata e tagliata a dadini
- 2 tazze di brodo di pollo

Preparazione:

Mettere il pollo nel forno a bassa temperatura. Strofinare con olio d'oliva, salvia, rosmarino, timo e aglio. Disporre le verdure intorno al pollo e versare il brodo sulle verdure. Far cuocere a bassa temperatura per 8 ore oppure a media temperatura per 4 ore fino a quando le verdure saranno tenere e la carne ben cotta. Servire.

Calorie totali: 333

Vitamine: Vitamina A 371 mg, Vitamina B6 1.3mg, Vitamina B12 0,2 mg, Vitamina C 28mg

Minerali: Fosforo 359mg, Selenio 30mcg, Zinco 2mg, Niacina 11mg

Zuccheri: 6g

22. Salmone con limone orzo e pomodoro

Un piatto adatto ai climi più caldi, il limone fornisce tanta Vitamina C e il tessuto adiposo del salmone è ricco di Vitamina B e Omega-3. Gli Omega-3 contribuiscono a dare ai capelli una lucentezza sana!

Ingredienti:

- 2 cucchiai di succo di limone
- 1 cucchiaio di senape di Digione
- 2 spicchi d'aglio, tritati e divisi
- 1/2 cucchiaino di aneto essiccato
- 1/2 cucchiaino di origano secco
- 1/4 cucchiaino di timo secco
- 1/4 cucchiaino di rosmarino secco
- 2 (6 once) filetti di salmone
- 1 cucchiaio di olio d'oliva
- 1/2 tazza di cipolla gialla, tagliata a dadini
- 2 tazze di acqua
- 1 (14 once) di dadini di pomodori
- 1 tazza di orzo, essiccato
- 2 cucchiai di foglie di prezzemolo fresco, tritato

Preparazione:

Preriscaldare il forno a 375 gradi F.

Unire il succo di limone, la senape di Digione, metà dell'aglio, aneto, origano, timo e rosmarino. Spolverare il salmone con la miscela. Mettere su carta da forno spruzzata con spray antiaderente e cuocere per 10-15 minuti fino a quando il pesce è sodo e cotto.

Nel frattempo, scaldare l'olio d'oliva in una casseruola media a fuoco medio-alto. Cuocere la cipolla e l'aglio fino a renderli fragranti. Aggiungere l'acqua e portare ad ebollizione. Una volta giunti a ebollizione, aggiungere i pomodori e l'orzo. Mescolare spesso, fino a quando l'orzo è tenero e l'acqua è evaporata. Circa 10 minuti. Spalmare il composto sul piatto. Aggiungere il salmone cotto e il prezzemolo fresco. Servire.

Calorie totali: 622

Vitamine: Vitamina A 286 mg, Vitamina B6 2.4mg, Vitamina B12 19,1 mg, Vitamina C 23mg, Vitamina D 44 mg, Vitamina E 5mg

Minerali: Magnesio 139mg, 1108mg di Fosforo, Selenio 127 mg, Tiamina 0,8 mg, Riboflavina 0.5mg, Niacina 34mg

Zuccheri: 4g

23. Cozze al vapore con linguine, spinaci e pomodori

Cambia il modo di mangiare la pasta con le cozze al vapore! Spinaci e pomodoro garantiscono a questo piatto di pasta tanta Vitamina C, mentre le cozze forniscono il selenio aiutano la crescita dei capelli e a prevenirne la ricaduta.

Ingredienti:

- 1 cucchiaio di olio d'oliva
- 2 spicchi di aglio, tritati
- 2 cucchiai di aceto di vino di riso
- 1/4 tazza di acqua
- 1 kg di cozze, pulite
- 1 (14 once) di dadini di pomodoro
- 2 cucchiai di basilico fresco, tritato
- 2 tazze di spinaci
- 1/2 chilo di linguine integrali, cotte
- 1/4 tazza di parmigiano grattugiato

Preparazione:

In una padella media, scaldare l'olio a fuoco medio alto. Aggiungere l'aglio e far cuocere fino a renderlo fragrante. Aggiungere l'aceto, l'acqua e le cozze. Mescolare e coprire fino a quando tutti i gusci di cozze si sono aperti, circa 3 o 4 minuti. Rimuovere e scartare le cozze che sono rimaste chiuse.

Una volta che le cozze sono cotte aggiungere i pomodori tagliati a cubetti. Portare lentamente a ebollizione e aggiungere il basilico e gli spinaci. Cuocere fino a quando gli spinaci sono appassito e aggiungere la pasta. Cuocere per riscaldare tutto. Mettere nei piatti da portata e cospargere con il parmigiano grattugiato.

Calorie totali: 506

Vitamine: Vitamina A 241 mg, Vitamina B6 0.6mg, Vitamina B12 17 mg, 39 mg di Vitamina C, Vitamina K 164mcg

Minerali: Magnesio 149mg, Fosforo 467mg, Selenio 97mg, Zinco 4mg, Tiamina 1.6mg, Riboflavina 0,4 mg

Zuccheri: 8g

24. Pollo arrosto con broccolini e noci

Una buona alternativa al pollo fritto di tutti i giorni! Le noci macadamia forniscono consistenza, sapore, e proteine! Le proteine danno forza ai capelli, al loro fusto, e sono molto nutrienti!

Ingredienti:

- 1 tazza di noci di macadamia, triturate
- 2 cucchiai di parmigiano grattugiato
- 2 cucchiai di olio d'oliva, divisi
- 2 spicchi di aglio, tritati
- 2 piccoli petti di pollo senza pelle e disossati
- 3 tazze di cimette di broccolini
- 1 cucchiaio di basilico fresco tritato

Preparazione:

Scaldare il forno a 400 gradi F.

Unire noci di macadamia, parmigiano, metà dell'olio d'oliva e aglio. Posare i petti di pollo su carta da forno spruzzata con spray antiaderente, lasciando spazio per i broccolini e premere le noci sui lati del pollo. Cuocere in forno per 10 minuti.

Togliere dal forno, e posizionare in modo uniforme i broccolini sullo spazio a loro riservato accanto al pollo. Ungere con il rimanente olio d'oliva. Riposizionare la teglia nel forno e cuocere altri 10 minuti, o fino a quando il pollo perde il colore rosato e i broccolini diventano croccanti. Impiattare e servire, cospargere con basilico fresco.

Calorie totali: 646

Vitamine: Vitamina B6 0,9 mg, Vitamina C 79mg, Vitamina K 90mcg

Minerali: Fosforo 379mg, Selenio 33mcg, Tiamina 0,6 mg, Niacina 13mg

Zuccheri: 4g

25. Insalata di spinaci con carote aromatizzate, semi di girasole, e salmone

Finalmente un'insalata con carote speziate! Tanto sapore per un piatto completo ricco di sostanze nutrienti supplementari per prevenire la perdita dei capelli.

Ingredienti:

- 2 carote, tagliate in lunghe strisce
- 1 cucchiaio di zenzero fresco grattugiato
- 1/4 cucchiaino di peperoncino in polvere
- 1 spicchio d'aglio, tritato
- 1/4 cucchiaino di chiodi di garofano in polvere
- 1 cucchiaio di succo di lime
- 1 cucchiaino di scorza di lime
- 1 cucchiaio di olio d'oliva
- 3 cucchiaini di miele, divisi
- 2 cucchiai di aceto di sidro di mele
- 1 cucchiaio di succo di mela
- 4 tazze di spinaci
- 1/4 tazza di semi di girasole

Preparazione:

Mescolare le carote, zenzero, peperoncino in polvere, aglio, chiodi di garofano, miele e olio. Mescolare bene per ricoprire tutte le carote. Lasciar riposare.

Unire l'altro miele, l'aceto e il succo nel frullatore. Sbattere bene insieme per formare una miscela. Versare sopra gli spinaci e mescolare per bene. Mettere gli spinaci sopra le carote, cospargere di semi di girasole, servire.

Calorie totali: 265

Vitamine: Vitamina A 791 mg, Vitamina E 6mg, Vitamina K 298mcg

Minerali: Folato 166mcg

Zuccheri: 12g

26. Sandwich di segale e rucola con uova

Cremoso, croccante, e ricco di vitamine e minerali! Questo piatto è altamente nutriente, dona ai capelli una dose di Magnesio che blocca la perdita dei capelli.

Ingredienti:

- 1/4 tazza di formaggio feta
- 1 tazza di germogli di soia
- 2 cucchiai di parmigiano grattugiato
- 1/4 cucchiaino di timo secco
- 1 cucchiaio di succo di limone, diviso
- 3 tazze di acqua
- 2 cucchiai di aceto di sidro di mele
- 2 uova
- 1 tazza di rucola
- 1/4 cucchiaino di pepe di Caienna
- 4 fette di pane di segale

Preparazione:

Sbriciolare la feta e mescolarla con il parmigiano, il timo e la metà del succo di limone.

Mescolare la rucola e i germogli con olio e succo di limone rimanente.

Portare l'acqua e aceto a ebollizione in pentola media. Ridurre l'acqua lentamente e mescolare per creare movimento. Mentre l'acqua continua a muoversi, rompere le uova una alla volta nel liquido. Togliere dal fuoco e lasciar riposare per 5-8 minuti dipenderà dal grado di cottura del tuorlo.

Spalmare in modo uniforme la rucola e i germogli di soia su ogni fetta di pane. Poi aggiungere il mix di feta. Con un mestolo forato, rimuovere l'uovo dall'acqua e metterlo sulla parte superiore della feta. Cospargere con Caienna e servire.

Calorie totali: 212

Vitamine: Vitamina B12 0,9 mg

Minerali: Fosforo 232mg, Selenio 28 mg, Riboflavina 0,5 mg

Zuccheri: 2g

27. Costolette di agnello con limone, cavolo e patata dolce

L'agnello non è solo per le occasioni speciali! Questa carne è una fonte eccellente di Zinco, Ferro e Vitamina B12 e deve essere consumato più spesso. Con la patata dolce, questo antipasto promuove la crescita cellulare dei capelli.

Ingredienti:

- 2 patate dolci, sbucciate e tagliate a cubetti
- 2 cucchiai di olio di oliva, divisi
- 1 cucchiaio di rosmarino fresco tritato
- 10 once di carré di agnello, tagliato a " lecca-lecca "
- 4 spicchi d'aglio, tritati e divisi
- 1 cucchiaio di origano fresco
- 3 tazze di cavolo, tritato
- 1 cucchiaio di acqua
- 1 cucchiaio di succo di limone
- 1 limone, tagliato a spicchi

Preparazione:

Preriscaldare il forno a 425 gradi F.

Sulla teglia spruzzata con spray antiaderente, posizionare la patata dolce a cubetti in modo uniforme. Cospargere con metà dell'olio d'oliva. Cuocere in forno 30-40 minuti girando ogni 10 minuti, fino a renderle morbide e marroncine.

Nel frattempo, cospargere l'agnello con metà dell'aglio e l'origano. Scaldare l'olio rimasto in una padella. Girare l'agnello, cuocendolo circa 2 minuti per lato al grado di cottura desiderato. Va servito leggermente rosa nel mezzo. Togliere dal tegame e lasciar riposare.

Nella stessa padella, scaldare altro olio. Aggiungere l'aglio rimanente, cavolo, acqua e succo di limone. Cuocere fino a quando il cavolo è appassito mescolando spesso.

Servire le patate dolci accanto a cavolo e agnello sulla parte superiore del cavolo. Spremere il succo di limone rimasto su tutto il piatto, aggiungendo qualche spicchio. Servire.

Calorie totali: 639

Vitamine: Vitamina A 1257mcg, Vitamina B6 0.6mg, Vitamina B12 2,0 mg, Vitamina C 84 mg, Vitamina K 478mcg

Minerali: Fosforo 281mg, Selenio 24mg, Zinco 5mg, Niacina 6mg

Zuccheri: 5g

28. BBQ di pollo alla griglia con mirtilli e asparagi

Cambia il tradizionale barbecue di pollo con una raffica di mirtilli! Conosciuti anche come un super cibo, i mirtilli sono pieni di antiossidanti che assicurano buona salute ai follicoli per capelli sani e protegge i vasi sanguigni dei follicoli per promuovere la crescita sana del fusto.

Ingredienti:

- 3 tazze di mirtilli freschi o surgelati
- 1/4 tazza di concentrato di pomodoro
- 1/2 tazza di aceto di sidro
- 1/2 tazza di salsa di mele
- 1/4 tazza di melassa
- 1 cucchiaino di peperoncino in polvere
- 1 cucchiaino di pepe nero macinato
- 2 (8 once) di petto di pollo disossato e senza pelle
- 1 cucchiaio di olio d'oliva
- 1 libbra di asparagi

Preparazione:

Unire tutti gli ingredienti, con l'eccezione di pollo, olio, e asparagi, in una pentola media. Portare ad ebollizione, mescolando spesso. Ridurre e cuocere a fuoco lento - continuare a mescolare ogni tanto per rompere i mirtilli. Lasciar cuocere a fuoco lento per 20 minuti. Se la salsa diventa troppo densa, aggiungere un po' d'acqua per diluire. Filtrare poi con un colino la salsa per eliminare le scorze dei mirtilli.

Preriscaldare il grill a fuoco medio basso. Spennellare il pollo con la salsa. Mettere sulla griglia - cuocere per 5 minuti e spazzolare con più salsa. Girare il pollo e cuocere altri 5 minuti. Il processo continuerà fino a quando il pollo sarà cotto e marrone. Cospargere con altra salsa e servire.

Saltare leggermente gli asparagi con poco olio. Mettere sulla griglia e cuocere per circa 2 minuti. Servire a fianco del pollo.

Calorie totali: 463

Vitamine: Vitamina B6 1.3mg, Vitamina B12 0,6 mg, Vitamina C 23mg, Vitamina K 83mcg

Minerali: Fosforo 471mg, Selenio 51 mcg, Riboflavina 0,5 mg, Niacina 25 mg

Zuccheri: 36g

29. Peperoni arrostiti e insalata di formaggio di capra

I peperoni rossi contengono una grande quantità di Vitamina C, tuttavia, non sempre si riescono a digerire se serviti a crudo. Prova questa ricetta abbinandoli a un po' di pancetta saltata e del formaggio cremoso!

Ingredienti:

- 1 grande peperone rosso
- 1 cucchiaio di olio d'oliva
- 3 cucchiai di aceto balsamico
- 1 cucchiaio di miele
- 3 tazze di rucola
- 4 strisce di pancetta di tacchino, cotta e tagliata
- 1/4 di tazza di formaggio di capra, sbriciolato
- 1/4 tazza di noci pecan, schiacciate
- 8 once di petto di pollo senza pelle disossato, cotto e tritato

Preparazione:

Scaldare il forno a temperatura elevata, circa 500 gradi F.

Tagliare il peperone rosso a metà, togliere i semi e le costole bianche. Spennellare la parte esterna con olio d'oliva e metterlo su carta da forno dal lato dell'olio. Abbrustolirli per 5 minuti, o fino a quando la parte esterna dei peperoni è carbonizzata e nera. Metterli in una ciotola e coprire con pellicola trasparente per raffreddare. Una volta freddi, raschiare la pelle carbonizzata e tagliarli a strisce.

Nel frattempo, unire l'aceto nel miele in una pentola. Portare ad ebollizione, mescolando spesso, e lasciar cuocere per circa 2 minuti fino a quando la salsa comincia ad addensarsi.

Dividere la rucola tra due piatti di portata. Cospargere con peperoni rossi e gli altri ingredienti. Condire con aceto di miele e servire.

Calorie totali: 408

Vitamine: Vitamina A 227 mg, Vitamina B6 0,9 mg, Vitamina B12 0,4 mg, Vitamina C 108mg

Minerali: Fosforo 439mg, Selenio 30 mg, Niacina 13mg

Zuccheri: 5g

30. Tonno scottato con avocado e salsa di mais

Spezza la routine con il Tonno Ahi! Una grande fonte di vitamine del gruppo B e Omega-3, accoppiato con questa semplice salsa di mais lo rende un antipasto completo di vitamine e minerali.

Ingredienti:

- 2 (6 once) filetti di tonno Ahi
- 1 cucchiaio di olio d'oliva
- 1 cucchiaino di cumino macinato
- 1 tazza di mais, cotto
- 1 jalapeño, senza semi e tagliato a dadini
- 1/4 tazza di cipolla rossa, tagliata a dadini
- 2 cucchiai di coriandolo fresco, tagliato a dadini
- 2 cucchiai di succo di lime
- 2 pomodori tipo Roma a dadini
- 1 avocado, dimezzato, senza semi, pelato e tagliato a dadini
- 1/4 cucchiaino di sale kosher

Preparazione:

Spennellare il tonno con olio d'oliva e cumino. Cuocere in padella a fuoco alto, fino a quando sarà leggermente dorato e al suo interno ancora un po' rosato, ma cotto.

Unire gli altri ingredienti, mescolare bene. Lasciar riposare prima di servire sopra al tonno.

Calorie totali: 422

Vitamine: Vitamina B6 2.0mg, Vitamina B12 3,5 mg, Vitamina C 62mg, Vitamina K 28mcg

Minerali: Fosforo 579mg, Selenio 155mcg, Niacina 34mg

Zuccheri: 7g

30. Tonno scottato con avocado e salsa di mais

Spezza la routine con il Tonno Ahi! Una grande fonte di vitamine del gruppo B e Omega-3, accoppiato con questa semplice salsa di mais lo rende un antipasto completo di vitamine e minerali.

Ingredienti:

- 2 (6 once) filetti di tonno Ahi
- 1 cucchiaio di olio d'oliva
- 1 cucchiaino di cumino macinato
- 1 tazza di mais, cotto
- 1 jalapeño, senza semi e tagliato a dadini
- 1/4 tazza di cipolla rossa, tagliata a dadini
- 2 cucchiai di coriandolo fresco, tagliato a dadini
- 2 cucchiai di succo di lime
- 2 pomodori tipo Roma a dadini
- 1 avocado, dimezzato, senza semi, pelato e tagliato a dadini
- 1/4 cucchiaino di sale kosher

Preparazione:

Spennellare il tonno con olio d'oliva e cumino. Cuocere in padella a fuoco alto, fino a quando sarà leggermente dorato e al suo interno ancora un po' rosato, ma cotto.

Unire gli altri ingredienti, mescolare bene. Lasciar riposare prima di servire sopra al tonno.

Calorie totali: 422

Vitamine: Vitamina B6 2.0mg, Vitamina B12 3,5 mg, Vitamina C 62mg, Vitamina K 28mcg

Minerali: Fosforo 579mg, Selenio 155mcg, Niacina 34mg

Zuccheri: 7g

31. Pollo alla griglia con insalata

Ami i Gyros? Allora apprezzerai questa insalata! Per il pranzo o la cena, questa delizia del Mediterraneo è un piacere sicuro. Non solo per formare il ripieno, le verdure a foglia verde forniscono anche una dose giornaliera di Vitamina K per promuovere la crescita dei capelli.

Ingredienti:

- 2 (6 once) di petto di pollo disossato e senza pelle
- 2 cucchiaio di olio, divisi
- 4 spicchi d'aglio tritato, divisi
- 1 cucchiaio di origano fresco, tritato
- 2 pita di grano intero, tagliati in triangoli
- 1 cucchiaino di paprika affumicata
- 1/4 tazza di cetriolo, tagliuzzato
- 1 tazza di yogurt greco
- 1 cucchiaino di aneto secco
- 1 cucchiaio di acqua
- 1/4 tazza di lattuga romana, tritata
- 1/4 tazza di rucola
- 1/4 tazza di spinaci
- 1 pomodoro, a fette
- 1 piccola cipolla rossa, affettata

- 1/4 tazza di formaggio feta

Preparazione:

Scaldare il forno a 450° F.

Unire il pollo, metà dell'olio, metà dell'aglio, peperoncino e origano. Mescolare per bene con il pollo. Mettere su carta da forno fino a rendere il tutto molto croccante e cotto. Togliere dal forno una volta cotto e tagliare a striscioline.

Spennellare i triangoli di pita con il restante olio d'oliva. Cuocere in forno fino a renderli croccanti. Circa 5-10 minuti.

Nel frattempo, unire l'olio e l'aglio rimanente con cetrioli, yogurt e aneto. Aggiungere abbastanza acqua per creare una consistenza cremosa.

Unire lattuga, rucola e spinaci. Ungere con qualche cucchiaio di condimento e mescolare per ricoprire. Dividere tra piatti da portata e cospargere con pollo e altri ingredienti. Servire con un po' di pezzetti di pita a lato, e altro condimento, a piacere.

Calorie totali: 463

Vitamine: Vitamina B6 1.1mg, Vitamina K 127mcg

Minerali: Fosforo 465mg, Selenio 57 mg, Niacina 19mg

Zuccheri: 4g

32. Pollo croccante con spinaci e parmigiano

Un po' di parmigiano e meno olio su questo pollo molto sano, questa ricetta taglia i grassi e aggiunge nutrizione! In questo piatto, l'abbondanza di Fosforo evita ricadute capelli per aiutare a mantenere un cuoio capelluto sano.

Ingredienti:

- 2 cucchiai di olio d'oliva, divisi
- 2 cucchiai di pangrattato
- 1/4 tazza di parmigiano grattugiato
- 4 spicchi d'aglio, tritati e divisi
- 2 petti di pollo disossati senza pelle
- 1/4 tazza di cipolla tritata
- 2 tazze di spinaci
- 1/2 tazza di pomodori a dadini

Preparazione:

Preriscaldare il forno a 400 gradi F.

Unire la metà dell'olio d'oliva, il pangrattato, il parmigiano, e la metà dell'aglio. Stendere il pollo su carta da forno spruzzata con spray antiaderente. Spolvera il mix di parmigiano sul petto di pollo, coprire e cuocere per 20-25 minuti fino a quando il petto diventa marrone e croccante.

Nel frattempo, scaldare in padella il rimanente olio d'oliva. Cuocere la cipolla e l'aglio rimanenti a fuoco medio fino a quando le cipolle si ammorbidiscono. Aggiungere gli spinaci e cuocere fino a farli appassire. Aggiungere il pomodoro e far cuocere fino a quando sarà tutto ben cotto. Versare sul piatto da portata e guarnire con il pollo. Servire.

Calorie totali: 417

Vitamine: Vitamina B6 1.1mg, Vitamina B12 0,8 mg, Vitamina K 82µg

Minerali: Fosforo 483mg, Selenio 49 mg, Niacina 24 mg

Zuccheri: 8g

33. Torta del Sud con fagioli neri, rucola e avocado

Una grande ricetta Tex-Mex, la torta di fagioli neri piacerà a chiunque! I fagioli neri sono una grande fonte di proteine, e la rucola e l'avocado completano questo piatto con una selezione di vitamine essenziali.

Ingredienti:

- 1 cucchiaio di olio d'oliva
- 1 cipolla rossa, tritata
- 1 jalapeño, tritato
- 1/2 tazza di mais
- 2 tazza di fagioli neri, cotti
- 1 pomodoro tipo Roma a dadini
- 1 cucchiaino di cumino macinato
- 1 cucchiaino di pepe di cayenna
- 1/4 tazza di pangrattato integrale
- 1 avocado, senza buccia, pelato, e tagliato a cubetti
- 1 tazza di rucola
- 4 cucchiai di yogurt greco
- 1 cucchiaio di aceto balsamico
- 1 cucchiaio di succo di lime
- 1 cucchiaio di coriandolo fresco tritato

Preparazione:

Scaldare metà dell'olio d'oliva in una grande padella a fuoco medio. Aggiungere la metà della cipolla e metà jalapeño. Cuocere fino a rendere morbidi gli ingredienti. Aggiungere il mais, i fagioli neri, il cumino, pepe di Caienna, e la metà del pomodoro nella padella. Cuocere per qualche minuto. Togliere dal fuoco e versare la miscela in una ciotola capiente. Mescolare per raggiungere una consistenza liscia. Mescolare con ¾ del pangrattato. Mettere il pangrattato rimanente in una piccola ciotola. Formare con il composto di fagioli neri dei tortini da 2 pollici, premendo entrambi i lati nel pangrattato.

Scaldare un filo di olio d'oliva a fuoco medio. Una volta caldo, aggiungere le torte di fagioli neri. Cuocere 2-3 minuti per lato, fino a doratura.

In una ciotola media, unire l'avocado, il pomodoro restante, la cipolla e jalapeño rimanenti. Mescolare nel succo di lime.

In una ciotola media, mescolare la rucola con aceto balsamico. Servire le torte di fagioli neri fumose su un letto di rucola. Cospargere di salsa di avocado e un ciuffo di yogurt greco e coriandolo.

Calorie totali: 434

Vitamine: Vitamina K 33mcg

Minerali: Fosforo 245mg, Zinco 3mg, Tiamina 0,4 mg

34. Spiedini di pollo alla griglia con albicocche

Un piatto estivo per tutto l'anno, questi spiedini possono essere alla griglia o al forno. Quando alla griglia, gli spiedini emanano un profumo intenso e meraviglioso di Vitamina A!

Ingredienti:

- 2 petti di pollo disossato e senza pelle a cubetti
- 1 cipolla rossa, tagliata a dadini da 1 pollice
- 1 peperone rosso, tagliato a dadini da 1 pollice
- 1 peperone giallo tagliato a dadini da 1 pollice
- 4 albicocche, tagliate in quarti, senza noccioli
- 1 cucchiaio di olio d'oliva
- 1 cucchiaio di miele
- 1/4 pepe di Caienna
- 2 tazze di riso, cotto e caldo

Preparazione:

Preriscaldare la griglia a bassa temperatura.

Posizionare un pezzo di pollo sullo spiedo seguito da cipolla, peperoncino, peperone giallo e albicocca. Ripetere l'operazione fino a quando sullo spiedo non rimane spazio. Ripetere sugli spiedi rimanenti fino a quando si esauriscono gli ingredienti.

Spennellare gli spiedini con olio d'oliva. Mettere sulla griglia. Cuocere per circa 10 minuti, girando spesso fino a quando il pollo è cotto e le verdure sono tenere.

In una piccola ciotola, mescolare il miele e il pepe Cayenne. Spennellare sugli spiedini dopo la cottura, mentre sono ancora caldi. Servirli su del riso integrale.

Calorie totali: 645

Vitamine: Vitamina A 215 mg, Vitamina B6 1.7mg, Vitamina C 285mg

Minerali: Magnesio 163mg, 607mg di Fosforo, Selenio 65µg, Zinco 3mg, Niacina 28mg

Zuccheri: 12g

35. Fettuccine con noci e limone

Le noci in coppia con il limone e con l'aggiunta di bietole rendono questo piatto di pasta cremosa ricco di proteine, Vitamina C e Magnesio. Non solo questo impedisce l'eccesso di caduta dei capelli, ma garantisce una nuova crescita sana!

Ingredienti:

- 1/2 chilo di fettuccine di grano integrale, cotte
- 2 cucchiai di olio d'oliva
- 1 spicchio d'aglio, tritato
- 3 tazze di bietole, tritate
- 1/4 cucchiaino di rosmarino fresco tritato
- 1/4 cucchiaino di peperoncino tritato
- 4 cucchiai di noci, tritate
- 1/2 tazza di brodo di pollo (o brodo vegetale)
- 1 cucchiaio di succo di limone
- 1/2 tazza di parmigiano grattugiato

Preparazione:

A fuoco medio, mettere l'olio e l'aglio in una padella grande e far cuocere dolcemente fino a quando l'aglio diventa marrone dorato.

Aggiungere rosmarino, bietole, e peperoncino. Cuocere fino a quando le bietole iniziano ad appassire. Aggiungere il brodo di pollo e portare a ebollizione. Ridurre il calore e far sobbollire per 5 minuti. Aggiungere le noci e cuocere per 30 secondi.

Aggiungere il succo di limone e la pasta al mix di brodo. Miscelare tutto insieme fino per far assorbire il liquido alla pasta. Aggiungere il formaggio e mescolare fino a quando il formaggio inizia a sciogliersi. La pasta dovrebbe essere leggermente cremosa. Dividerla in ciotole e servire.

Calorie totali: 627

Vitamine: Vitamina A 250 mg, Vitamina E 3mg, Vitamina K 248mcg

Minerali: Magnesio 189g, Fosforo 464mg, Selenio 86mcg

Zuccheri: 4g

36. Insalata di Salmone del West

Invece di un tradizionale insalata americana 'Cobb', prova questo pasto del sud-ovest! Un mix di verdure croccanti che si combinano con il salmone e con sapori piccanti per rendere questa insalatona carica di sostanze nutrienti supplementari.

Ingredienti:

- 2 (4 once) filetti di salmone
- 1 (8 once) di peperoncini Chipotle, tritati
- 3 cucchiai di olio di oliva, divisi
- 1 cucchiaio di aceto di sidro di mele
- 1/4 tazza di spinaci
- 1/4 tazza di rucola
- 2 tazze di lattuga romana, tritata
- 1/4 di tazza di mais
- 1 piccolo pomodoro, tagliato a dadini
- 1 piccola cipolla rossa, tagliata a dadini
- 1 avocado, senza semi, pelato e tagliato a cubetti
- 1/2 tazza di formaggio cheddar tagliuzzato

Preparazione:

Spennellare il salmone con i peperoncini chipotle tritati. Scaldare l'olio d'oliva in una padella a fuoco medio. Cuocere il salmone fino a completa cottura.

Mescolare l'olio rimanente e l'aceto insieme. In grande ciotola, mescolare spinaci, rucola e lattuga insieme. Aggiungere la miscela di olio e mescolare per condire. Dividere in ciotole. Aggiungere gli altri ingredienti, terminando con il salmone. Servire.

Calorie totali: 533

Vitamine: Vitamina A 346 mg, Vitamina B6 1.6mg, Vitamina B12 9,7 mg, Vitamina C 137mg, Vitamina D 22 mg, Vitamina K 76mcg

Minerali: Fosforo 722mg, Selenio 64 mg, Niacina 19mg

Zuccheri: 9g

37. Salmone arrosto e Cavolini di Bruxelles

Un'opzione rapida per una cena, questo salmone con cavolini di Bruxelles è un meraviglioso piatto da ogni giorno. Non sempre apprezzati come dovrebbero, i cavolini di Bruxelles arrostiti sono meglio dei pop-corn, non solo nel sapore, ma in numerose vitamine e minerali presenti!

Ingredienti:

- 2 (8 once) di filetti di salmone
- 2 cucchiai di olio d'oliva
- 1/2 cucchiaino di sale
- 1/4 cucchiaino di pepe
- 2 spicchi di aglio, tritati
- 1 libbra di cavolini di Bruxelles, senza gambi e tagliati a metà

Preparazione:

Preriscaldate il forno a 400 gradi F.

Spennellare il salmone con la metà dell'olio di oliva. Condire con sale e pepe. Metterlo su carta da forno spruzzata con spray antiaderente, lasciando spazio per i cavoli di Bruxelles.

Saltare i cavolini di Bruxelles in olio e aglio rimanente. Stendere uniformemente sullo spazio riservato su carta da forno. Cuocere in forno per 10-15 minuti fino a quando il pesce è cotto e i cavoletti di Bruxelles sono belli croccanti.

Calorie totali: 596

Vitamine: Vitamina A 267 mg, Vitamina B6 2,1 mg, Vitamina B12 10,9 mg, Vitamina C 299mg, Vitamina D 25 mg, Vitamina E 7mg, Vitamina K 631 mg

Minerali: Magnesio 150mg, 854mg di Fosforo, Selenio 76µg, Tiamina 0,9 mg, Riboflavina 0,6 mg, Niacina 21mg

Zuccheri: 8g

38. Fritto misto di gamberetti

Cambia il gusto del pollo o del maiale fritto e prova a cucinare i gamberetti! Zenzero e arancio rendono questo fritto misto dolce e piccante, mentre numerose verdure forniscono vitamine e minerali per garantire il corretto afflusso di sangue al cuoio capelluto per prevenire la perdita dei capelli e promuoverne la crescita.

Ingredienti:

- 1 libbra di gamberi crudi, sgusciati e puliti
- 2 cucchiai di succo d'arancia
- 2 spicchi di aglio, tritati
- 1 cucchiaio di zenzero fresco grattugiato
- 3 cucchiai di olio di sesamo, divisi
- 1 peperone rosso, a fette
- 1 zucca gialla, tagliata a mezzelune
- 1 tazza di fiori di broccoli
- 1 piccola cipolla gialla, tranciata
- 1/2 tazza di carota grattugiata
- 1 cucchiaio di scorza d'arancia
- 1/4 cucchiaino di peperoncino tritato
- 3 cucchiai di salsa di Hoisin
- 2 tazze di riso, cotto

Preparazione:

Mescolare gamberetti, succo d'arancia, aglio e zenzero insieme in una ciotola. Mettere in frigorifero per 15 minuti.

Scaldare 1 cucchiaio di olio di sesamo in un wok o grande padella a fuoco medio-alto. Aggiungere i gamberetti e cuocere fino a quando diventano rosa. Togliere dal tegame.

Nella stessa padella, aggiungere peperone, zucca, broccoli, cipolla, carota, scorza d'arancia e peperoncino tritato. Cuocere fino a quando le verdure sono morbide. Reinserire i gamberi nella padella e aggiungere la salsa hoisin. Mescolare nella miscela di verdure, e continuare la cottura 1 minuto ancora. Servire su riso.

Calorie totali: 578

Vitamine: Vitamina B6 1mg Vitamina A 519mg, Vitamina B12 2,2 mg, Vitamina C 181mg, Vitamina K 57mcg

Minerali: Fosforo 580mg, Selenio 77mcg

Zuccheri: 15g

Altri titoli di questo autore

42 Ricette Naturali Contro Il Cancro Alle Ovaie: Dai Al Tuo Corpo Gli Strumenti Necessari Per Proteggere E Guarire Se Stesso Dal Cancro

Di

Joe Correa CSN

50 Soluzioni Alimentari Per L'alito Cattivo: Sbarazzati Di Questo Fastidioso Problema In Pochi Giorni

Di

Joe Correa CSN

48 Ricette Potenti Che Ti Aiutano A Controllare La Pressione Arteriosa Alta: Una Soluzione Naturale Per L'ipertensione Senza Pillole O Medicine

Di

Joe Correa CSN

54 Ricette Per Diabetici Per Controllare La Tua Condizione, Naturalmente: Scelte Alimentari Sane Per Tutti I Diabetici

Di

Joe Correa CSN

www.ingramcontent.com/pod-product-compliance
Lightning Source LLC
Chambersburg PA
CBHW052121070526
44586CB00016B/2034